à Gaëlle - Noël 99

de tes grand-parents

Hélène Desgranges

Choisir la vie

ÉDITIONS DE LA PAIX

Hélène Desgranges

Choisir la vie

Collection *Jeune Plume*. no 3

Réimpression

ÉDITIONS DE LA PAIX
Pour la beauté des mots et des différences

© **1999 Éditions de la Paix**

Dépôt légal 1er trimestre 1999
Bibliothèque nationale du Québec
Bibliothèque nationale du Canada

Réimpression
Imprimé au Canada

Page couverture Olivier Rivard
Révision Jacques Archambault

Éditions de la Paix
127, rue Lussier
Saint-Alphonse-de-Granby
Québec J0E 2A0
Téléphone et télécopieur (450) 375-4765
Courriel **info@editpaix.qc.ca**
Site WEB **http://www.editpaix.qc.ca**

**Données de catalogage avant publication
(Canada)**

Desgranges, Hélène
    Choisir la vie
    (Collection Jeune plume ; 3)
    Comprend un index
    ISBN 2-921255-91-X
    1. Suicide. 2.Comportement suicidaire.
I. Titre. II. Collection.
HV6545.D37 1999   362.28   C99-940137-8

DANS LA MÊME COLLECTION
JEUNE PLUME

Deux collectifs :

Parlez-nous d'amour

Pour tout l'Art du jeune monde

Remerciements

Je tiens à remercier sincèrement les personnes
et les organismes suivants :

David Saint-Martin,
l'aide à l'informatique

Jean-Paul Tessier,
mon éditeur

Tous ceux et celles qui ont partagé
des moments de vie avec nous

L'Association de suicidologie de Montréal

Toutes les autres associations
qui ont contribué à leur façon à la réalisation de
ce projet

... et

**Frédérique et Andréanne,
pour mes doses de vie.**

Plus jeune, j'aurais aimé écrire avec de grands mots afin d'assommer les incrédules à coups de syllabes. Le temps et son lot d'expériences m'ont permis d'apprendre que c'est dans la simplicité que je parviens à mieux écrire et à traduire mes émotions : une éternelle adolescente qui vieillit un peu, mais qui garde la même essence.

Bienvenue dans mon royaume de mots.

Hélène

L'humanité sans le goût de vivre cesserait bientôt d'inventer et de créer.

Pierre Teillard de Chardin, 1955

Avant-propos

Lorsque j'ai décidé d'écrire un livre sur le thème du suicide, je voulais d'abord m'adresser aux adolescents et aux adolescentes. Cependant, j'ai vite constaté que le sujet n'avait pas d'âge. Au fil du temps, au rythme des lectures, des rencontres et des appels, j'ai compris que ce projet me demanderait autant de sentiments et d'ambition.

Prévention, action et répercussion étaient les termes que j'avais en tête afin d'ordonner les fruits de mes recherches. Mais c'était mal connaître le drame du suicide de vouloir catégoriser tous les renseignements reçus. Le suicide, c'est beaucoup plus. C'est d'abord des questions, des peurs, des incompréhensions, des échecs, des réussites, des envies, des croyances, des préjugés, de l'espoir, une famille, des amis, des pleurs, des joies, etc. Et si peu de statistiques.

Le suicide fait partie de la vie : une vie dans un tourbillon incessant ; une vie qui implique tout ce que j'ai déjà cité, mais qui suppose aussi la mort. Pensons aux suicides qui ont fait les manchettes dernièrement, Pauline

Julien et Sue Rodriguez, etc. Il me semble inquiétant que dans les médias beaucoup de gens aient valorisé leur suicide. Sans juger le geste de chacune de ces personnes que je continue à respecter, je m'interroge sur la pertinence de « valoriser publiquement ces décisions très personnelles ». Pensons à l'impact de cette insistance médiatique sur les personnes suicidaires.

Le suicide, c'est un ennemi pour chacun de nous. Entraidons-nous. Cessons de penser à nous seulement, à nos cotes d'écoute et à nos autres intérêts personnels.

Quand le suicide a frappé mon patelin et qu'il s'en est pris à des gens que j'aimais, j'ai bondi tel un ressort. J'avais presque honte ! Était-ce ma faute ? Non, bien sûr ! Toutefois, j'ai compris qu'il n'y avait pas de temps à perdre. J'ai voulu trouver une façon d'aider les gens à combattre cet ennemi, lui faire rebrousser chemin pour qu'il ne s'acharne pas sur ceux que j'aime. Quel mandat !

Il n'y a évidemment pas de solutions toutes faites. J'ai alors lancé un appel, et des gens comme vous et moi ont accepté de partager leur expérience de vie. J'ai opté pour la simplicité. J'ai prêté mon écriture à tous ceux qui avaient envie de parler sans avoir la possibilité ni les moyens de le faire.

Ce livre est donc un recueil de lumière qui voudrait réchauffer nos êtres et refléter les richesses de ceux et celles qui ont été marqués par le suicide.

Écrire sa peine,
c'est en quelque sorte s'en dégager.
La partager,
c'est offrir à quelqu'un le moyen de nous aider.
Quand la blessure est cicatrisée,
les écrits qui ont survécu
deviennent une perche
que l'on peut tendre
afin que d'autres s'y agrippent
et ne se noient point.

Chapitre premier

Le suicide, il faut en parler

En affrontant le thème du suicide, des sentiments divers se présentent à nous et nous envahissent. Si nous sommes plusieurs à avoir ce genre de réactions difficiles, nous sommes aussi plusieurs à pouvoir nous soutenir et nous entraider.

J'ai puisé dans les expériences des gens rencontrés la force de me relever moi-même de mes épreuves. Si aujourd'hui je trouve enfin les mots pour achever cette grande aventure, la raison en est simple, j'ai moi-même appliqué à ma vie les petits trucs de tous et chacun.

Au début de ce livre, je croyais avoir gagné à tout jamais le combat contre mon ennemi, le suicide. Pourtant, après quelques années de répit, ce sinistre découragement a recommencé à me poursuivre. Je ne voulais pas flancher, car je trouvais malhonnête d'avoir écrit toutes ces pages en espérant qu'elles en soutiendraient d'autres dans des moments de déprime et de pensées suicidaires, alors que moi, j'allais tout simplement tout laisser tomber, trop fatiguée pour seulement même essayer de survivre à ce noir si intense. Je me suis motivée à nouveau et j'ai repensé à tous ces gens qui m'ont fait confiance et qui m'ont confié leur témoignage.

Par exemple, deux adolescentes avec qui j'ai eu l'occasion de travailler à une pièce de théâtre m'ont fait part de leurs difficultés reliées à ce fléau. Drôle de coïncidence, car elles luttaient toutes deux par le même moyen que moi, par l'écriture.

De poèmes en poèmes, leur malaise et leur désespoir ont percé les pages qu'elles ont perlées de leur encre. Généreuses, elles m'ont fait parvenir leurs écrits, souhaitant être solidaires, mais espérant aussi que cette tendance suicidaire s'éloigne d'elles. Elles ont franchi la première étape PRIMORDIALE liée à la « guérison » du suicide : en PARLER !

Ces deux jeunes femmes ne sont pas seules à m'avoir fait parvenir des textes. Certains ne paraîtront malheureusement pas, et j'en éprouve un grand regret.

***

Le drame qui m'a guidée tout au long de ce livre, c'est un pacte de suicide qui a supprimé deux jeunes gens de ma région. Il m'a fallu du temps pour comprendre que je n'étais pas responsable et que je ne devais pas non plus condamner. Puisque ce drame est à l'origine de ce livre, voici tout de suite quelques textes s'y rapportant. Histoire d'être solidaire à ma façon.

Le premier, *Pourquoi ?,* est de Julie, 15 ans.

Pourquoi ?

Pourquoi avez vous fait cela ?
Vous nous avez quittés sans explications.
Sans dire un mot vous êtes partis.
Vous saviez qu'on vous l'aurait refusé.
On vous aimait.
Peut-être pas comme vous le vouliez
Mais on vous aimait à notre manière.
Timidement.

Vous nous avez trompés
On vous croyait forts et intelligents
Et vous l'étiez
Jusqu'à un certain point
À un point tel que vous avez trouvé
la solution à vos problèmes.

Était-ce la bonne solution ?
Pourquoi avoir choisi le suicide ?
Vous avez laissé tout le monde
que vous aimiez
Dans la tristesse, l'inquiétude
et les questions.
Les pourquoi se bousculent dans nos esprits
Vont-ils un jour partir ?

Nous voudrions trouver des réponses
Mais aucun indice n'est à notre disposition.
Alors les questions ne nous lâcheront plus.
Les éternels pourquoi reviendront-ils ?
Éternellement ?
Pourquoi ? Pourquoi ?

Toi, l'ami parti

Tu étais loin de tout soupçon
Mais tu avais perdu la raison
Tu as été pris au piège,
Dans ton propre manège.

Drogue, alcool et musique
Te font une danse cynique
Tu ne veux qu'oublier
Tu voudrais être accepté.

Ton esprit est de plus en plus loin
Dans ta tête, il y avait ce point
Cette simple idée noire
Qui te volait tes espoirs.
Et puis un jour, tu en as fini
Tu as dit non à la vie
En laissant derrière toi
Tous ceux en qui tu ne croyais pas.

Toi qui étais leur ami
Toi qui es parti
Plus jamais ils ne t'oublieront
À tout jamais, ils se rappelleront ton nom.

Anne-Marie, 15 ans

17

À toutes les deux, je souhaite l'amour qu'elles recherchent, un bonheur éclatant et, du plus profond de mon cœur, une vie saine, sans perspectives de suicide. Merci à vous deux, mes amies, qui avez joué dans ma pièce de théâtre *Survivre*. Maintenant, pour vous et pour moi, la page est tournée, il est grand temps de VIVRE.

Pour ma sœur

Par son action, il est parti
Par peur, par amour ou mépris
Lui seul te l'aurait dit
Mais il a rendu sa vie.

Quand tes yeux se poseront sur lui, demain,
Pense à lui, ne lui reproche rien
Même si son action te fait du chagrin,
Il n'est pas trop tard, tends-lui la main.

Ne te blâme pas de n'avoir rien perçu
Tu n'es pas seule à n'avoir rien vu
Et si jamais tu n'y as pas encore cru
Dis-toi au moins qu'il t'aura plu.

Ne cherche pas non plus à le défendre
Car les remords pourraient te prendre
S'il n'a su que se pendre,
C'est que son cœur souffrait à se fendre.

Le mal de vivre, la peur de l'avenir,
C'était son lot, son repentir
Et s'il a préféré mentir,
Toi, pour lui, crois en l'avenir.

Fais de ton futur un grand bonheur
Quand c'est dur, ferme les yeux,
n'aie pas peur
Ton bonheur lui rendra la chaleur
Que son corps a perdu de trop bonne heure.

Oui, tends-lui la main, demain...

Hélène

Quand la terre cesse de tourner

Article paru dans *La Pensée de Bagot*, le 17 octobre 1993, au sujet d'un pacte de suicide à la suite duquel deux adolescents se sont enlevés la vie et qui en a laissé des centaines perplexes.

Pour un instant, la terre a cessé de tourner et les feuilles n'ont jamais paru si mortes sur le sol... Heureusement, moi, je n'ai pas de journaux à vendre ou de cote d'écoute à faire monter. Alors, ceux qui cherchent les témoignages choc ou les images spectaculaires seront déçus.

Les vautours de l'information ont déjà fait leur œuvre et il ne reste plus rien à ajouter, ni aucune rumeur à répandre. Les journalistes ont, semble-t-il, fait leur métier...

Même si le harcèlement médiatique cessera avec le temps, le malaise que l'on ressent en ce moment demeurera longtemps dans la mémoire des camarades de classe, des parents, des amis et des simples citoyens, encore foudroyés par la tragédie.

À l'heure actuelle, une région complète s'interroge et tente de comprendre..., de comprendre pourquoi, la semaine dernière, deux jeunes ont décidé que le suicide était la meilleure solution à leurs problèmes. Les circons-

tances du drame importent peu à mes yeux. Aujourd'hui, je pense que nous devons tous nous interroger et nous remettre en question. Parce que l'on ne peut plus se cacher la tête dans le sable et dire qu'un drame comme celui-là n'arrive que dans les grands centres. À Montréal ou à Acton Vale, les adolescents sont confrontés à une réalité pas toujours rose et ils tentent de s'accrocher tant bien que mal à une société malade.

Par ce geste désespéré, notre jeunesse a lancé un cri de détresse que l'on doit entendre, un appel au secours auquel on ne peut rester indifférent. Car, quand on s'interroge sur ce qui a poussé un jeune à s'enlever la vie, ce sont des fondements entiers de notre société qu'il faut revoir et changer.

Même si nous ignorons les causes profondes de ce geste de désespoir, il suffit de se mettre dans la peau d'un adolescent d'aujourd'hui pour comprendre une partie du problème. Rejeter le blâme sur le dos de la drogue serait bien enfantin.

Il faut éviter de chercher les coupables ou se culpabiliser en essayant de voir ce que l'ont aurait pu faire pour empêcher cela. Ce qu'il faut faire, c'est mettre tout en œuvre pour éviter que cela se reproduise. Il faut penser à ceux qui restent et faire renaître l'espoir dans les yeux de tous ces jeunes. Il faut leur dire que rien n'est encore joué, que tout reste à faire et que nous avons tous notre place au soleil.

Martin Bourassa
jeune journaliste

CHAPITRE 2

Le secret d'un être aimé

Invitée par les parents de Pierre-Marc, une des victimes du pacte de suicide qui a marqué ma région, je me suis rendue à leur domicile.

Après la rencontre avec les parents de Pierre-Marc, j'ai bien failli stopper l'auto sur le bord de la route en revenant chez moi. J'ai réussi à reprendre mes sens en respirant profondément. Mais les larmes, elles, luttaient toujours pour me convaincre de me laisser aller à mes émotions. J'étouffais, le cœur si serré. En moi, des images troublantes d'une famille désespérée et le souvenir d'une photo posée sur une table durant une entrevue. Le message d'espoir reflété dans les yeux de Pierre-Marc sur cette photo récente m'a transpercé le cœur en provoquant d'horribles cauchemars, sa pendaison. Il n'était pas seul à nous avoir quittés. Avec des amis, il avait conclu un pacte.

Comme Julie, comme Anne-Marie qui ont écrit leurs émotions, et comme tous les autres témoins de ce pacte, j'avais envie de crier

jusqu'à en perdre la voix. Les pourquoi se mul-
tipliaient dans mon esprit.

Cet événement datait d'à peine six mois,
et j'étais très nerveuse à l'idée de rencontrer
des membres de la famille de Pierre-Marc. Je
me demandais si j'allais savoir poser les bonnes
questions et éviter celles qui font mal inutile-
ment. Mais le cœur sait toujours nous guider.

Quand je suis arrivée chez Jean et Madeleine, les parents de Pierre-Marc, j'ai été ac-
cueillie par une adolescente d'environ 15 ans et
un petit chien plein de vie. J'avais du mal à
imaginer qu'une telle atmosphère ait pu être
remplie d'une si intense tristesse. Puis Madeleine est arrivée : belle, jeune, resplendissante.
J'ai eu la surprise d'apprendre qu'elle était mère
de quatre enfants de 18, 13 et 5 ans. Sans
oublier Pierre-Marc qui a amené ses 16 ans
dans l'éternité.

Jean, le père, est arrivé à son tour. Il m'a
paru plus pensif. En fait, la souffrance, la peine,
les chavirements, les questions, les réponses,
rien n'était encore disparu.

C'est très difficile de raconter leur histoire,
car ces émotions se vivent, se ressentent, et se
racontent peu. Je le fais avec leur permission.

Saurons-nous y trouver des raisons de durer et de poursuivre notre chemin ?

Les difficultés vécues par les parents avec Pierre-Marc se sont aggravées environ six mois avant le suicide. Avant, c'était un enfant brillant, il aimait surtout rire et faire rire. Madeleine se rappelle avec nostalgie la joie de vivre de son fils. Cette façon qu'avait Pierre-Marc de faire baisser les tensions en blaguant lui manque beaucoup.

Avant de parler des problèmes vécus avec leur fils, Madeleine et Jean discutent d'abord de son évolution.

Au primaire, Madeleine se souvient que Pierre-Marc avait de la difficulté à garder ses amis. Il parlait à tous, mais finissait toujours par trouver le négatif en chacun d'eux. Il s'en séparait, car ils ne semblaient pas lui apporter ce qu'il recherchait. La maman s'inquiétait pour lui. Mais à l'adolescence, les amis ont vite pris une place prépondérante dans la vie de Pierre-Marc. « Peut-être même trop ! » m'a dit Madeleine en souriant. Au sujet des fréquentations de Pierre-Marc, Jean et Madeleine n'ont jamais vraiment eu de conflits avec leur fils.

Mais au secondaire, comme ses notes ont commencé à descendre en flèche, Jean et

Madeleine ont discuté avec lui pour trouver une façon de l'aider. Ils ont appris que leur fils se questionnait sur l'utilité de terminer ses études. Les parents ont alors accepté l'offre d'un enseignant, et Pierre-Marc a participé à une expérience scolaire offerte aux décrocheurs.

Les difficultés se sont fait jour alors même que Pierre-Marc participait à ces ateliers. D'abord, Madeleine et Jean ont surpris Pierre-Marc à consommer de la drogue. « Pour essayer ! » leur avait-il dit. Comme c'était la première fois à leur connaissance, les parents ont laissé faire. Mais quand Madeleine a surpris Pierre-Marc à nouveau, elle a sévi et elle a consulté un spécialiste.

Il s'agissait d'un organisme pour décrocheurs qui regroupait aussi des jeunes négatifs et souvent perturbés. Pierre-Marc retardait son retour à la maison de quelques heures afin de *tripper* avec ses amis. Il mentait beaucoup à ses parents, mais il leur était pratiquement impossible de s'en apercevoir. Les difficultés se sont amplifiées : fuite, vol par effraction, dette.

À l'école, les pressions augmentaient toujours. Pierre-Marc et un de ses amis étaient acculés au pied du mur par la Direction qui avait détecté leur consommation de drogues.

On trouvait aussi néfaste leur influence sur d'autres élèves.

La plupart du temps, Pierre-Marc agissait avec son meilleur ami. Et un jour, il a dit à Madeleine au sujet de cet ami : « Il ne s'en sortira pas ! Il ne s'en sortira pas ! »

Madeleine ignorait évidemment que les deux projetaient déjà de s'enlever la vie. Le moment arrivé, c'est donc dans le désespoir qu'ils ont mis un terme à leurs angoisses.

Contrairement à ce que plusieurs journaux ont publié, c'est sans drogue et sans acide que Pierre-Marc et son copain sont partis.

Lorsque la police est arrivée à leur domicile, Madeleine et Jean, compte tenu des récentes difficultés de leur fils, ont tout de suite pensé à plusieurs scénarios... mais jamais à celui du suicide. Ils n'avaient jamais envisagé ce drame pour leur fils, et n'avaient jamais même eu le moindre soupçon.

Les reproches, la peine, les questions et toute la culpabilité ont eu un effet déstabilisant sur leur couple. Madeleine souligne que la présence de ses trois autres enfants l'a retenue sur terre. Pour exorciser le drame ou se consoler, elle a refait le trajet suivi par Pierre-Marc.

Elle n'a pas eu de difficulté à retrouver l'arbre du rendez-vous avec la mort. Des jeunes ont parcouru et encore parcouru aussi ce trajet un nombre incalculable de fois pour aller pleurer la mort d'un ami. Une rose y avait été déposée.

Puis Madeleine a rencontré des adolescents qui avaient côtoyé son fils. Elle a même partagé un repas avec un des jeunes qui auraient bien voulu partir avec leurs deux amis. Aujourd'hui, avec son conjoint, elle se permet d'en parler publiquement, car elle a choisi la vie et souhaite que tous poursuivent la leur.

Il y a six mois, deux garçons d'une polyvalente ont mis fin à leurs jours. Combien d'autres les ont suivis depuis ? Deux garçons qui ont remis en question toute une partie de société qui se veut un modèle. Le suicide est une question de société... et la société, c'est nous qui la faisons chaque jour par nos actes et nos pensées.

Un pacte de suicide peut se conclure dans le silence comme cela a été le cas pour Pierre-Marc. Parfois, l'entourage est mis au courant ou peut deviner. Pour les désespérés, ce n'est pas facile. Une fois complice, on est déchiré entre parler et trahir le secret d'un ami, ou se taire et ainsi le condamner. Parler signifie accepter d'entrer en relation d'aide et risquer de perdre son ami ou de subir son ressentiment. Se taire implique d'autres conséquences tragiques comme la culpabilité, les regrets, la souffrance.

Nul choix n'est facile, mais du moment que nous comprenons l'horreur du projet, n'est-il pas préférable d'en parler ? Il n'y a pas de médaille pour souligner cette bravoure, mais il y a beaucoup d'amour de soi et des autres, et cela vaut tout l'or du monde.

Quand le soleil s'éteint,
c'est la nuit qui plane.

Quand un sourire se meurt,
c'est la naissance de bien des larmes.

Cruelle mort, tu m'entraînes dans la peur
et je veux te suivre par crainte de vivre.

CHAPITRE 3

Pour Annie et Diane

Trois tentatives de suicide pour Annie

Annie est arrivée chez moi tôt l'après-midi. Je l'ai sentie animée. Pourtant, en discutant avec elle, j'ai vite compris que ça n'avait pas toujours été ainsi. En général, les gens que j'ai rencontrés et qui s'en sont sortis sont positifs et heureux malgré tout.

À 16 ans, Annie a fait trois tentatives de suicide par médicaments. Par ce témoignage, j'ai pu à nouveau constater que des éléments similaires se retrouvent assez fréquemment d'un cas de suicide à l'autre. C'est pourquoi je suis persuadée que la meilleure façon d'éviter le suicide, c'est d'abord d'en parler. Parler de ce qui ne va pas, des questions sans réponses qui nous trottent dans la tête, de nos intentions et de notre volonté de mourir.

Annie étudie actuellement en travail social. Elle pense que nous devrions davantage parler de suicide dans les écoles, dans les médias, dans les organismes et même entre amis et en famille. Elle est de plus en plus

convaincue qu'il y a presque toujours des signes avant-coureurs à un geste suicidaire. Elle
encourage aussi les gens à poser les bonnes
questions :

Penses-tu à te suicider ?
As-tu des projets ?
Quand ?
Pourquoi ?

Même si la société nous a imposé le respect, la discrétion, ou en d'autres termes, nous
a appris à *nous mêler de nos affaires*, nous
devons être attentifs aux autres. J'ajouterais
qu'il est vital de ne pas seulement parler de
suicide lorsqu'il y a crise, mais aussi, lorsque ça
va bien. C'est ce qu'on appelle la prévention.
Dans le cas d'Annie, si quelqu'un avait osé
poser ces questions directement, il aurait été
possible de constater l'urgence de la situation.
Pour elle, les réponses étaient prêtes, claires et
le projet définitif. Dans une circonstance pa-
reille, il ne faut surtout pas laisser la personne
seule.

Annie a beaucoup appris de cet événement, et c'est une période de sa vie qu'elle
n'est pas prête à oublier. En effet, quelques
jours avant son anniversaire de naissance, elle
a tenté de se suicider. Elle a répété le geste
trois fois dans ce même mois en mars. Personne

n'avait vraiment vu venir le drame. Pourtant, ce ne sont pas les signes qui ont manqué. Tout d'abord elle a cessé de manger et s'est mise à maigrir à vue d'œil. Puis elle a commencé à s'isoler, à écouter de la musique triste. À l'école, elle, si joyeuse de nature, toujours entourée d'amies, s'est repliée sur elle-même. De plus en plus, elle passait ses heures de récréation seule. Petit à petit, avec ses parents, les lacunes sont apparues : il lui semblait qu'ils avaient de trop grandes attentes envers elle.

Puis est survenu un événement qui l'a profondément marquée, une agression sexuelle. Ce drame reste caché, car Annie, le sourire de l'école, le soleil de la famille, la confidente de tout le monde, n'a pas le droit d'être malheureuse. Elle n'a pas le droit de laisser flétrir son sourire, car on attend trop d'elle. Elle ne se donne pas la permission de se plaindre, même si elle a bien des raisons de le faire.

À 16 ans, elle semble en avoir déjà beaucoup trop à assumer. Puis survient l'élément déclencheur qui la bouleverse et la pousse à bout de tout, le suicide d'une de ses amies.

Ses problèmes lui paraissent alors tout à coup insupportables. Même si elle consulte régulièrement une travailleuse sociale pour se vider le cœur, ça ne suffit pas. Elle continue à camoufler ses idées suicidaires et tente deux fois l'expérience. Découragée, elle avale des médicaments. En fait, Annie avait fait le bon geste en allant consulter un spécialiste. Mais encore aurait-il fallu qu'elle parle des vrais problèmes qu'elle éprouvait. Elle n'a cependant jamais abordé le sujet de ses idées suicidaires, se fermant ainsi une porte libératrice.

Pourtant, avant de passer à l'acte, Annie a lancé un appel à l'aide à une de ses copines : « Je vais me tuer ! » Sa copine a essayé en vain de la ramener à la raison, mais Annie était trop décidée. Elle a de plus tenté de prévenir son ami de cœur. Au téléphone, elle lui a dit : « Tu vas être bien ! Tu ne me verras plus ! ». Mais ce dernier n'a pas accordé d'importance à sa détresse.

Nous serions tentés de juger ces personnes et de nous dire : « Ils le savaient ! Et ils n'ont rien fait ou si peu. » Nous pourrions voir en eux les coupables que nous aimerions trouver afin d'expliquer pareil événement. Pourtant, seul le sujet qui a fait le geste est responsable de son choix. Se sortir du malheur est parfois si difficile et engendre souvent tant de conséquences que certains préfèrent demeurer dans un cercle malsain plutôt que d'affronter les étapes qui conduisent à la paix intérieure.

Son geste a entraîné une série d'autres actions : course folle à l'hôpital, lavement d'estomac, interrogations du personnel, face-à-face avec ses parents, surtout avec son père qui ne comprend pas. Quelque temps après, Annie est conduite dans un établissement psychiatrique où elle se souvient de s'être sentie comme observée par un jury.

À sa sortie, Annie ressent toujours le malaise d'être encore là. À la maison, sa mère doit mettre les couteaux et les médicaments sous clé et accepter que sa fille prenne des antidépresseurs. À l'école, les enseignants, encore surpris, lui répètent sans cesse et parfois en pleurant : « On n'aurait jamais cru que toi !...».

Pendant un an, Annie combat ses idées suicidaires. Elle apprend à se maîtriser, à attendre la fin de la crise. Son perfectionnisme la pousse à être dure envers elle-même et à donner dans le négativisme. Elle a encore parfois la certitude que le malheur lui court après.

Au moment où je l'ai rencontrée, sept ans la séparait de son drame. Elle était fière de me parler de ce qu'elle vivait. Ses rapports avec son père sont revenus à la normale. Elle a un petit garçon de trois ans et ne vit plus avec son copain de l'époque qui lui faisait constamment des reproches. Depuis trois mois, elle a rencontré un nouvel amoureux, un garçon positif qui l'aide et surtout, qui ne la juge pas. Elle a choisi un métier à la mesure de son expérience de la vie, elle est travailleuse sociale.

Annie a su faire les choix nécessaires qui conduisent au bonheur. Tout comme elle était responsable de ses gestes destructeurs, elle est la seule, maintenant, à décider son bonheur et les moyens à prendre pour y accéder un peu plus chaque jour. Par son témoignage, elle espère nous avoir donné le goût d'être bien.

Le suicide de la sœur cadette de Diane

Avant de rencontrer Annie, j'avais fait la connaissance de Diane qui, elle, a dû vivre la tentative de suicide de sa sœur cadette. Elle a douze ans de différence avec sa sœur Sophie. Quand cette dernière a avalé une grande quantité de pilules, Diane a eu la plus grande surprise. « Sophie !... elle, mais pourquoi ? »

Après six ans, la question demeure posée, même si Sophie est toujours là et qu'elle pourrait bien y répondre. « Après la tentative ratée de Sophie, me confie Diane, moi et le reste de la famille, nous avions l'air d'une troupe de comédiens qui parlent de tout et de rien, mais surtout pas de suicide en sa présence ! » Dans la famille, personne n'a osé poser de questions par peur des réactions de Sophie. « Peut-être avions-nous peur aussi, continue Diane, de lui faire voir les sentiments difficiles qui nous matraquaient tous le cœur ! »

Si Diane n'a jamais été fâchée du geste de sa sœur, ce ne fut malheureusement pas le cas de certains autres membres de la famille qui n'arrivaient pas à justifier ni à comprendre une telle manifestation de désespoir. Les questions que tous semblaient se poser étaient en grande partie sans doute les mêmes que se posait Diane. Mais contrairement à elle, l'incompréhension des autres se changeaient en une sorte de rage muette. « Pourquoi elle ? Très douée à l'école, belle, sportive, toujours entourée d'amies, joyeuse, gâtée. Elle avait tout... pourquoi ? » Ça ne pouvait donc pas être par jalousie ou par envie.

Diane s'explique mal les sentiments de son entourage, mais elle ne juge personne parce qu'elle sait très bien que chacun poursuit son propre questionnement et vit sa propre peine du mieux qu'il le peut, selon ses connaissances ou ... selon son ignorance des faits.

La famille de Diane n'est pas la seule à avoir vécu ce genre de situation et, selon les spécialistes, il n'est pas malsain de questionner le sujet qui a tenté de se suicider. Il s'agit par contre de le faire lorsqu'il est en état d'en parler, et de lui laisser la décision de s'ouvrir ou pas.

Pour Diane, parler de la tentative de suicide de sa sœur, c'est comme vider sa peine. Même si elle n'arrivait pas à le faire sans pleurer il y a six ans, aujourd'hui, en discuter avec d'autres la soulage. C'est aussi devenu une façon de se rappeler que ça peut arriver à n'importe qui et qu'il n'est pas facile de saisir les messages lancés par une personne suicidaire. Sophie a-t-elle lancé un message ? Si elle l'a fait, Diane n'a rien perçu.

Les parents de Diane ont dû faire face à un sentiment de culpabilité presque inévitable. Diane peut facilement comprendre ce sentiment, étant elle-même mère de deux petites filles qui entreront bientôt dans l'adolescence.

Diane a su tirer une leçon positive de l'événement, elle sait maintenant la portée de la communication. Elle fait donc de son mieux pour établir une bonne communication entre elle-même, son mari et ses deux filles. À dix ans, l'aînée de ses enfants comprend la réalité du suicide. Diane en discute avec elle de façon normale, sans exagération ni sensationnalisme. Elle veut rendre le suicide moins tabou. Elle croit d'ailleurs que le suicide devrait être abordé dès les premières années du primaire ou, à tout le moins, dès que l'enfant peut comprendre la notion de la mort.

Aujourd'hui, Sophie est agent de bord. Ses grandes qualités l'ont amenée à travailler avec le public. Elle a choisi la vie et l'aventure ! C'est un moyen beaucoup plus charmant de rejoindre le ciel.

CHAPITRE 4

Ceux qui restent

Après le départ d'un proche, ceux qui restent ont rarement la vie facile. Ils doivent vivre les répercussions d'un drame souvent inexplicable et incompréhensible.

Au cours de mes recherches, j'ai reçu le téléphone d'une personne qui a vécu trois suicides dans son entourage immédiat, entre autres, ceux de son frère et de son beau-frère. Je me souviens encore du témoignage de cette jeune femme. Elle était pleine de colère et de jugements. Elle en voulait toujours aux médecins et aux spécialistes qui, selon elle, n'avaient pas fait correctement leur travail d'évaluation de l'état dépressif de son frère suicidaire. Aujourd'hui, il lui est impossible de faire confiance à un spécialiste qui pourrait l'aider à surmonter ses propres incompréhensions et ses propres difficultés.

De plus, elle ressentait beaucoup de colère envers son frère à qui elle reprochait d'avoir voulu faire un coup d'éclat par son suicide. Il aurait voulu punir le reste de la famille, selon elle, pour ne pas l'avoir compris. Elle était également restée très amère face aux médias qui, toujours selon elle, ont traité l'affaire de façon presque malhonnête, ne cherchant pas leurs sources aux bons endroits. Elle trouvait la femme de son frère trop insensible à la situation vécue et considérait sa belle-mère comme la grande responsable.

Tout au long de cet appel, j'entendais beaucoup de colère, mais je suis convaincue que cette jeune femme était très honnête avec elle-même et avec moi. D'ailleurs, elle ne parlait pas seulement de sa colère. Elle parlait aussi de certains aspects du suicide avec lesquels elle était plus à l'aise. Elle en parlait comme d'une expérience qui aide à mûrir.

Je pense qu'il est normal, et souvent fréquent, de ressentir de la colère ou d'autres sortes de sentiments négatifs lorsque l'on est pris dans l'engrenage du suicide. Nombreux sont ceux qui jugent les personnes qui réagissent comme l'a fait cette jeune femme. Je pense qu'il faut essayer de comprendre les raisons qui poussent quelqu'un à exprimer ainsi sa rage contre tout ce qui est extérieur à lui.

Souvent, je voudrais être une aide, mais que puis-je faire d'autre que d'écouter et laisser au temps le temps d'éponger la peine et la révolte ? À l'occasion, il me sera peut-être possible de partager des points de vue, des réflexions ou de faire des suggestions. Comme vous pouvez le faire, vous aussi.

À ce sujet, on doit lire sur le thème du suicide ou participer à des rencontres de groupe. Il ne faut pas craindre de consulter des personnes ou des groupes formés pour intervenir dans ce type de situation. Il est vrai de dire que parfois nous ne comprenons pas toujours ce qu'ils disent, mais il faut aussi reconnaître que ce qu'ils disent est souvent « trop » vrai. Cela peut nous obliger à reconnaître aussi nos propres façons d'être et de faire. Cela n'est jamais facile.

Quant à moi, je me suis longtemps privée d'être bien dans ma peau, à force de croire que personne ne pouvait rien pour moi. Puis un jour, j'ai osé demander de l'aide... Aujourd'hui, je suis soulagée, je respire plus profondément et surtout, je comprends des choses qu'il m'était impossible de comprendre auparavant, tellement je me fermais aux idées des autres. J'ai compris que c'est souvent quand tout semble devenu impossible que nous remportons nos plus grandes victoires.

Un jour, une femme a communiqué avec moi. Lors d'une première rencontre, elle était engagée partout, menait énormément d'activités, était ouverte, aimable, disponible, souriante et « vraisemblablement » heureuse. France a voulu partager avec moi son cheminement des dernières années, et elle m'a confié par écrit cette expérience vécue.

Bonjour Hélène,

À l'automne 1989, tu étais invitée par X, à titre de conférencière à l'occasion de la sortie de ton premier livre. J'étais l'une des responsables de ce souper. L'année suivante, j'ai fait une dépression profonde, une longue descente aux enfers, et finalement, une tentative de suicide. Pourtant, j'avais trente-huit ans.

À l'époque, j'étais très active socialement, je donnais du 200 %, j'étais partout à la fois, l'indispensable, celle qui ne disait jamais non, celle sur qui on comptait. Et puis, au début de tout, j'ai été très fatiguée physiquement et j'ai vécu deux grosses peines consécutives, soit la mort de mon père et la trahison de ma meilleure amie. Là, ce fut la dégringolade, le point de rupture. Peu à peu, je me suis repliée sur moi, je ne voulais plus sortir ni voir personne, et je tombais, je tombais. Je peux te dire que les gens ne comprennent pas ou ne veulent pas comprendre tes messages et tes appels au secours ! Pendant ces longs mois où j'ai été malade, personne parmi ces gens que j'avais côtoyés tous les jours ne m'a appelée ou n'est venu aux nouvelles. Comme si je n'existais plus. En dernier, je pleurais constamment, je pleurais entre deux bouchées, en plein milieu du souper, n'importe quand, n'importe où. Je négligeais tout, ma maison, ma personne, etc.

Mon mari me regardait de côté avec un air de vouloir dire : « Est-ce que ça achève, ton affaire ? » Au début, j'ai essayé de lui parler de ma peine, de mes émotions et de mes peurs, mais j'ai vite compris que je l'ennuyais avec mes problèmes. J'ai cessé et je suis tombée de plus en plus bas. Jusqu'à cette fameuse nuit où j'ai décidé d'en finir. J'étais vidée, sans aucune force, et j'avais touché le fond. À la dernière minute, pourtant, quelque chose s'est produit et j'ai renoncé.

Aujourd'hui, trois ans plus tard, et avec le recul, je m'en suis sortie toute seule sans aucune aide. Je n'ai pas repris la vie sociale, je vis au jour le jour et malheureusement, je suis certaine que si un jour, il devait m'arriver une autre émotion aussi grave, il est très possible que je retomberais en dépression. Je me sens encore très fragile psychologiquement. Je n'ai pas renoué avec mes anciennes amies. J'ai eu tellement mal. J'ai peur qu'on me fasse du mal, volontairement comme dans le passé, et que tout recommence. L'amitié à sens unique, non merci ! J'aurais peut-être dû chercher de l'aide extérieure, mais comment ? Je reste à la maison toute l'année, je ne travaille pas à l'extérieur, je n'ai aucun salaire et je n'ai pas les moyens de me payer un psychologue.

Voilà, c'est mon histoire. Elle est bien banale aujourd'hui à raconter, mais je suis revenue de loin, je t'assure. Je te souhaite toute la chance possible pour ton nouveau projet sur le suicide, c'est un problème très réel qui peut arriver à n'importe qui. On a tellement besoin d'aide en état de crise, de quelqu'un qui tend la main et qui écoute. Moi, je n'ai eu personne, j'ai failli y laisser ma vie.

Bonne chance. Bien à toi,

France

Certains peuvent se reconnaître dans le comportement de « sauveur » qu'adoptait France avant sa tentative de suicide. Malheureusement, ces personnes se font souvent exploiter et surtout, elles sont négligées. L'entourage ne s'en soucie pas, car il ne semble pas avoir de problème.

France est toujours marquée par cette expérience. Elle en ressent encore des peurs et reste tourmentée par les idées qui subsistent après une tentative. On ressent des déceptions envers certains membres de la société, une crainte de la rechute et surtout, on peut croire encore que la mort était peut-être la bonne solution.

Quelque temps plus tard, France m'a écrit à nouveau.

Bonjour Hélène,

Disons que mon moral est fixe pour l'instant, tout comme quelqu'un qui est très malade. Je vis maintenant une journée à la fois. Malgré tout, je peux t'assurer que c'est perpétuellement la recherche de l'équilibre sur une corde raide. La peur de rechuter est toujours présente au moindre coup dur, mais j'essaie de ne pas y penser, ni m'arrêter à cela. Avant, je m'étais toujours cru une fille forte, responsable, qui avait une vie de couple stable, un bel avenir, etc., mais tout dégringole tellement vite. Tu te retrouves aussi faible qu'un bébé et puis, tu ne veux plus vivre. Ça fait trop mal. Oui, ça fait mal, crois-moi !

Aujourd'hui, avec le recul du temps, si je repense à tout ça, à l'année 1989, je suis encore convaincue que c'était la meilleure solution, car il n'y avait plus personne pour me tendre la main. *Tout le monde restait loin de moi, restait sur ses positions comme si j'avais toutes les maladies contagieuses de la terre. C'est déjà horrible ce qu'on vit intérieurement, et si en plus on est seule, plus ça va, plus ça devient carrément insurmontable. Là, on baisse les bras et on se laisse couler. Plusieurs événements ont surgi dans ma vie simultanément avec ma très grande fatigue et mes nombreuses responsabilités de l'époque. (Exemples, la trahison de ma meilleure amie, le décès de mon père que j'ai appris quinze jours après sa mort, à cause de la méchanceté de certaines personnes). J'étais déjà à mi-chemin de la pente vers le fond, ça ne remonte plus après ça. Et ma meilleure amie qui voulait divorcer s'est servie de moi pour mettre la pagaille finale dans son couple, dans mon dos, sans que je le sache. Quand tout a éclaté au grand jour, j'ai cru devenir folle. Je me sentais dans la peau bien innocente d'une condamnée par tous et chacun.*

J'attends de tes nouvelles. Merci.

France

Il y a encore du travail à accomplir pour une personne qui traîne avec elle de tels sentiments de colère, de déception et de peur. Tous les prétextes sont bons pour ne pas chercher de l'aide et, comme dit souvent un thérapeute que j'ai rencontré : « Si seulement on mettait dans nos buts positifs la moitié de tous les efforts que l'on fait pour parvenir à nos buts négatifs, imaginez tout le bien que l'on réaliserait ! » Combien sommes-nous à avoir vécu les mêmes étapes que France ?

À tous ceux et celles qui, aujourd'hui encore, sont habités par les peines et les colères provoquées par le suicide d'un être cher, je leur souhaite de pouvoir redonner une place au bonheur dans leur vie.

CHAPITRE 5

Suicide et sida

Je me suis sentie bien ignorante quand j'ai rencontré Claude, une fille dynamique qui travaille auprès des sidéens et des porteurs du VIH-sida. Je l'ai rencontrée après les heures de bureau afin de ne déranger personne. Mon but était de savoir si les gens touchés par le sida songent souvent au suicide. Quand le porteur sait qu'il court de grands risques de mourir, je me demande comment il envisage la perspective du suicide.

Claude n'est pas atteinte du sida, elle travaille pour un organisme qui offre divers services, dont la sensibilisation du grand public et l'accompagnement des sidéens. Depuis qu'elle travaille à cet endroit, elle a vu défiler plusieurs cas, allant de la femme qui refuse de passer un test de dépistage par peur de ne pouvoir adapter sa vie à la maladie qu'elle porte peut-être, jusqu'à l'enfant atteint de la maladie parce que sa mère en est porteuse, etc. Claude en a entendu, des commentaires, mais elle n'a jamais rencontré quelqu'un qui a fait une tentative de suicide à cause de la maladie. Par contre, des idées suicidaires, de la déprime, des désirs d'en finir, elle en a entendu beaucoup.

Elle a rencontré beaucoup de gens découragés qui croyaient que ça ne pouvait pas leur arriver, à eux. Elle en a vu d'autres remplis de peurs devant la population mal informée ou qui avaient tout perdu à cause des préjugés, emploi, famille, amis. Ces gens se demandent vraiment pourquoi continuer, pourquoi lutter alors que même la médecine n'a pas encore trouvé le remède miracle. La trithérapie ne règle pas tout, loin de là.

Mais heureusement, il y a du positif qui ressort. Par exemple, cet adulte porteur du VIH, qui n'a jamais eu de liens très enrichissants avec sa famille, et qui découvre tout à coup des parents plus humains, une famille plus unie qui tient à lui et s'offre à l'épauler... Ou cette jeune fille célibataire qui se croyait porteuse de la maladie, pensait qu'elle ne trouverait jamais plus de conjoint et que sa vie sexuelle tombait à zéro. Quel bonheur pour elle de rencontrer un homme prêt à l'aimer, à la respecter... et à utiliser le préservatif ! Je pense que plus la population sera informée, plus il y aura de ces moments heureux.

Même si je suis ressortie du bureau de Claude sans témoignage de sidéens, sans cri du cœur lancé par un enfant atteint, j'en suis revenue plus consciente et davantage renseignée.

J'ai d'abord appris que la pensée suicidaire chez les porteurs du VIH-sida se développe, pour la plupart, à la fin de leur combat. À l'annonce de leur maladie, les sidéens ont bien sûr une période de découragement, mais pendant cette période, ils essaient de garder espoir. Être porteur de VIH ne veut pas dire être malade ou souffrant. En fait, certaines personnes, même si elles doivent quand même être prudentes dans leurs relations sexuelles ou lorsqu'une infection se déclare, ne présenteront aucun symptôme ou signe de la maladie avant des années... 10 à 15 ans parfois.

Alors, ils continuent de vivre presque normalement, puis un jour les symptômes se manifestent, fièvres, herpès, zona, champignons, diarrhée, perte de poids, sueurs nocturnes, fatigue, etc., et chaque symptôme s'amplifie de plus en plus jusqu'à la phase terminale.

La phase terminale, c'est le sida, qui peut durer quelques mois, mais aussi quelques années. Claude ne s'étonne presque plus de voir un sidéen lutter pendant trois ou quatre ans. Mais c'est souvent dans des cas aussi longs que survient la volonté de mourir, de ne plus souffrir. Il y a bien quelques traitements pour guérir certaines infections ou pour soulager les douleurs, mais on n'a encore rien trouvé pour guérir le sida. Alors, dans la souffrance, l'espoir disparaît et on évoque finalement l'idée du suicide. Comment ? Pas un suicide cruel... plutôt une mort douce par euthanasie !

L'arbre

L'arbre à demi mort
plonge dans son remords.
Cet arbre à demi mort
à qui on a jeté un sort
maintenant dort.

L'arbre mort
à son tour m'a jeté un sort.

L'arbre me hante avec ce sort
qui m'endort encore.
Encore et encore,
j'ai accepté et je m'endors.

Maintenant sur cette terre,
il y a un autre mort.
L'arbre n'était pas mort du sort
mais bien de ce geste qui est mon propre sort.

L'arbre m'a demandé :
Peut-on ressusciter après s'être tué ?
La réponse a été non.
Quand on est mal aimé,
vaut mieux rester où l'on est.

Auteur anonyme

Le suicide est une idée que les séropositifs ont presque tous en tête, et même avant d'avoir contracté les symptômes associés au VIH. Certaines personnes à risque ont tellement peur d'être atteintes qu'elles veulent en finir. C'est le cas de Martine, 22 ans, qui m'a fait parvenir une lettre me racontant...

Salut Hélène,

J'ai hésité avant de te faire parvenir mon témoignage, je ne sais toujours pas si c'est moi qui amplifie ce que j'ai vécu ou si j'avais vraiment besoin d'aide pendant toutes ses années.

Présentement, j'ai 22 ans et j'étudie à l'université. Mais, même si ça va mieux, je peux te dire que j'ai vraiment connu l'enfer !

Tout a commencé au secondaire. J'étais assez bonne à l'école et je passais toujours pour une fille sage aux yeux des professeurs. À un moment donné, j'en ai eu assez que mes nouveaux amis se tiennent avec moi juste pour les travaux d'équipe quand ils avaient besoin d'une bonne note. J'ai décidé de rentrer dans un gang de filles qui me semblaient correctes. Pas de drogue, pas de sorties trop tardives. Avec elles, ma mère me laissait parfois sortir et j'ai commencé à connaître des garçons.

À 14 ans, j'ai eu ma première relation sexuelle avec un gars que je fréquentais pendant les récréations de l'école. Ce fut une bonne expérience, et on prenait nos précautions. Ma mère s'en est doutée parce que je changeais beaucoup et elle m'a interdit de revoir ce garçon dont j'étais follement amoureuse. Je l'ai laissé et c'est là que les problèmes ont commencé.

Pour lui, la peine d'amour était dure à vivre parce que tout semblait bien aller entre nous. Alors là, les filles de mon gang lui ont dit d'oublier tout cela, que j'étais une vraie pute et que maintenant que j'avais eu ce que je voulais, je le laissais là... Ma peine m'a rendue malade. Les médecins croyaient à une mononucléose, mais une fois les tests passés, eux et ma mère ont vite compris que mes maladies étaient psychologiques.

Je dormais toujours, je pleurais en cachette, je n'avais plus le goût de rien. Tout ça, parce que j'avais peur de retourner à l'école et d'avoir à affronter ces amies que j'avais crues honnêtes.

Après une semaine d'absence, certaines filles ont dit que j'étais partie me faire avorter. Imaginez ! Tout d'un coup, tous les étudiants me fixaient et les garçons devenaient plus gentils avec moi. J'étais une fille facile ! J'ai bien failli mourir de honte et j'espérais que ma réputation ne serait pas entachée tout le reste de ma vie.

Deux ans après, je m'étais bâti une carapace, un masque. À corps perdu dans mes études et la recherche de nouvelles amies, j'essuyais encore la défaite de ce premier amour. J'ai traversé, avec cet événement, des hauts et des bas, mais j'en retiens beaucoup de bonheur. Ç'a duré 5 mois. Je suis partie, voyant bien que ce n'était pas encore le temps pour moi de m'engager trop sérieusement. J'avais des études à faire et un passé à me pardonner... Je vivais encore des hauts et des bas, j'essayais de trouver le conjoint idéal. Plus vieux que moi.

Et après avoir sorti avec 3 bons gars qui m'ont laissée l'un après l'autre, je suis retombée dans mes idées noires : je n'étais bonne à rien, j'étais vraiment une salope, je m'en voulais de m'attacher si vite, mais je croyais que je ne méritais pas de rencontrer un bon gars.

Alors, une nuit, je me suis dit que j'irais jusqu'au bout avec un gars du cégep : beau, dans la vingtaine avancée, intelligent mais... drogué et instable ! Je savais qu'il me trouvait trop jeune, mais j'ai cru qu'en faisant l'amour avec lui, il comprendrait que je l'aimais... J'ai trop d'imagination, je sais ! À jeun, le lendemain, je lui ai demandé si ça pouvait aller plus loin...

Je revois encore son visage quand il s'est mis à rire.

Cette fois, il venait de me tuer ! Avant de le connaître, j'avais tenté de me suicider, en auto, parce qu'un troisième gars, plein d'avenir, venait lui aussi de me fermer sa porte. Tout s'est déroulé très vite, un coup de roue vers le fossé, puis un deuxième. Heureusement, rien ne s'est passé et j'étais immobilisée. J'ai pleuré toutes mes frustrations et je me suis dit qu'il valait mieux d'en parler à personne puisque personne ne s'intéressait à moi. Même mes parents disaient : « Un de perdu, dix de retrouvés ! » Oui, mais cette fois là, ç'a bien failli être un de perdu, et moi aussi avec lui.

Néanmoins, avec quelle force, je ne sais pas, mais je m'en suis sortie et j'ai repris le goût d'aimer. J'ai aimé ce gars, ce drogué qui se piquait peut-être... Mais je l'ai bien mal aimé. Sans condom, par peur qu'il refuse, par peur qu'il dise quelque chose qui gâcherait cette nuit magique.

Avec son sourire niais, le lendemain, ma volonté de mourir était réapparue. J'ai pris le téléphone, j'ai appelé ma mère calmement et je lui ai dit : « Maman, je reviens à la maison ». J'ai quitté mon appartement avant la fin des cours et j'ai continué la saison en voyageant, soir et matin, souhaitant ne pas rencontrer ce gars, ce bel écœurant qui m'avait peut-être donné le SIDA ! Excuse-moi si j'use de gros mots ; les souvenirs sont encore difficiles.

Et puis tiens ! Je voulais tant mourir que j'ai pensé que ce serait bien facile de me suicider..., en attrapant vraiment cette maladie ! Après le cégep, j'ai rencontré un gars que je connaissais de réputation... Je savais qu'il était très à risque parce qu'il avait eu beaucoup de filles dans son lit. J'ai sorti avec lui, j'ai fait l'amour sans protection, j'ai commencé à boire un peu pour savoir le feeling que ça donnait d'être cool. Puis dans le même été, j'ai couché avec un autre gars, encore sans protection... C'est con, j'avais tellement envie de me faire mal que j'ai réussi, en même temps à me brouiller avec ma famille.

J'étais vraiment seule et... souillée. J'ai pleuré, pleuré, je ne sais plus comment j'ai fait pour m'arrêter. Je me rappelle qu'un bon matin, j'ai pris rendez-vous chez le coiffeur, j'ai changé la longueur de mes cheveux et leur couleur, j'ai trouvé un autre emploi, loin de mon passé, j'ai rencontré un gars, un ange... et j'ai demandé à Dieu de me pardonner.

À mon retour à l'école, j'avais maigri, j'avais changé de look et je souriais. Quand j'ai revu le gars qui m'avait tant fait souffrir quelques mois auparavant, il s'est retourné et a émis un sifflement. « Tiens, tiens, je l'intéressais tout à coup... » Trop tard, car non seulement, Dieu semblait m'avoir fait tout oublier, mais un gars m'aimait vraiment et m'aidait à m'aimer aussi.

Aujourd'hui, mon ange est toujours présent, et j'ai compris que, sans ma volonté, tout ce bonheur que je vis ne me serait nullement arrivé.

Excuse-moi d'avoir tant écrit, mais ça m'a soulagée. Je ne sais pas si ma lettre pourra t'aider pour ton livre, mais je te remercie de m'avoir permis de m'exprimer enfin.

Martine

C'est moi qui te remercie, Martine, pour ton courage, car je sais combien cela a dû être difficile de te décider. Ton geste a beaucoup de valeur et donnera de bons résultats, j'en suis persuadée.

Hélène

Martine ne sait toujours pas si elle a contracté le sida. Les tests lui font peur et les souvenirs qui s'y rapportent l'effraient aussi.

Pour l'instant, elle vit avec son insécurité et me promet qu'elle consultera. Je lui fais confiance.

CHAPITRE 6

Orientation sexuelle et suicide

J'ai écrit une pièce de théâtre traitant du thème de l'homosexualité. Remplaçant une comédienne au pied levé, je me suis assigné le rôle d'une mère lesbienne. Toute cette expérience a été merveilleusement enrichissante. L'idée de cette pièce m'était venue après avoir reçu des témoignages de personnes homosexuelles dans le cadre de mes consultations pour la rédaction de ce livre. J'avais alors été sensibilisée à leur mode de vie et à certaines réalités que j'entendais de leur bouche. C'était si aberrant que je ne regardais plus les *gay* de la même façon.

D'abord, ils ne m'apparaissent plus comme des extraterrestres. J'ai compris que ces gens vivent des situations si difficiles que le suicide devient pour eux une porte de sortie. Quelle tristesse ! Je n'ai plus le droit de fermer les yeux. À ma façon, j'ai été une mère lesbienne, ne fût-ce que la durée d'une représentation.

Mes lectures m'ont appris que 30 à 40 % des suicides seraient imputables à la non-acceptation de l'orientation sexuelle et ce, uniquement chez les jeunes. Évidemment, les raisons de ce fort pourcentage sont multiples. Selon le rapport de la Commission des droits de la personne du Québec, aux autres problèmes de l'adolescence, tels le décrochage scolaire, la délinquance, le manque d'emplois, l'absence de formation personnelle, le suicide, etc., s'ajoutent pour les jeunes appartenant à une minorité sexuelle le fait d'être différent, l'isolement social, le harcèlement, le risque de la violence, le rejet de la famille. Parfois même, ils sont la cible d'attitudes et de comportements méprisants de la part de leurs pairs et malheureusement de certains enseignants.

Un jour, Danny m'a téléphoné afin de me raconter une partie de sa vie. S'il était souriant et capable d'humour, son cheminement de vie n'a pas toujours été facile. Danny est maintenant âgé de 30 ans et il est homosexuel.

À l'école secondaire, il subissait les sarcasmes des autres élèves qui, sans être certains de son orientation sexuelle, ne se gênaient pas pour le taquiner, parfois bien méchamment. Habitant une région éloignée, Danny n'avait aucune possibilité de recevoir un appui quelconque. Alors, pour diverses raisons, entre autres parce que sa mère n'acceptait pas sa situation, parce qu'il ne pouvait pas dévoiler la vérité à son beau-père (conjoint de sa mère), Danny a tenté de mettre fin à ses jours. Sa tentative ne fut pas une période facile à vivre, d'autant plus que personne ne semblait en mesure de l'aider. Sa mère lui a même recommandé de consulter un curé, afin qu'il « change de bord », comme elle le disait.

Les choses se sont calmées lorsqu'il a déménagé loin de chez lui. Dans cette nouvelle grande ville où il était un inconnu parmi tant d'autres, Danny s'est mis à vivre comme il l'entendait, selon ses propres convictions.

À son retour chez lui, son frère a accusé la ville pour justifier l'état de Danny. Pour lui, la ville venait de transformer son frère en homosexuel !

Bref, le témoignage de Danny s'est fait sur un ton humoristique. Le message que Danny tient à livrer, il l'a communiqué à sa façon dans une émission de radio. Cette émission hebdomadaire d'une heure s'adresse aux *gay* et lesbiennes. Est-ce que ça changera les vues du monde ? Danny l'espère parce que des suicides, il y en a déjà trop, surtout chez les jeunes. Voilà ce que j'appelle du concret : changer une blessure en une armure de force morale.

Le second témoignage sur ce thème de l'homosexualité et du suicide m'a été donne par Denis. Il est venu me rencontrer chez mes parents. Peu confiant, je le sentais très déprimé, et je n'arrivais pas à mettre le doigt sur ce qui le rendait ainsi. Il me parlait par phrases courtes, presque décousues, me répétant qu'il était sujet aux dépressions, etc.

Denis a suivi certaines thérapies, seul ou avec sa femme. Maintenant, quand il sent son énergie le quitter, il téléphone au CLSC, car il en a reçu un bon service. Cependant, il s'ennuie : sa femme ne vit pas avec lui et il a des relations difficiles avec sa fille de 18 ans. Il se demande toujours s'il vivra un jour une autre descente aux enfers comme celle qu'il a vécue lors de sa tentative de suicide.

Bizarrement, Denis n'a pas beaucoup parlé de cette tentative. Pour ne pas le brusquer, j'ai attendu, cherchant à le comprendre. Il ne se confiait toujours pas facilement. Tout à coup, j'ai compris ses hésitations. C'était très difficile pour lui de revivre pareils souvenirs et de parler avec une quasi inconnue, de... sexualité.

Rejets et préjugés ponctuent la vie de Denis. Marié depuis près de 30 ans, Denis n'a plus aucune vie sexuelle avec sa femme... et il est attiré par les hommes.

Le verdict tombe fort sur un père de famille, marié à une femme qu'il adore et chérit, même si ses goûts sexuels sont ailleurs. C'est difficile dans une petite ville d'affirmer une sexualité qui diffère de celle de la majorité des citoyens. Où aller ? Comment savoir si un homme a les mêmes tendances sexuelles que soi ? Les dépressions de Denis sont surtout reliées à ses peines d'amour, ses peurs et ses refoulements. Ses amitiés se transforment si rapidement en amour qu'elles finissent par le blesser.

Il ne se sent pas prêt à vivre avec un homme, mais il n'a plus envie de se cacher. Son plus grand rêve, c'est que sa famille l'accepte comme il est, non seulement sa fille qui se sent très mal dans cette situation, mais aussi tous les autres. Même sa nièce qui prétendait l'aimer comme il est, mais qui refuse de le revoir par peur pour son petit garçon. Oui, ce sont souvent les préjugés d'une société ignorante, malgré les ressources et les grands pas accomplis, qui détruisent une vie. Pourtant nous ne parlons pas de pédophilie ni d'agressions en série. Pourquoi sommes-nous si sévères envers lui et les *gay*, eux qui ne demandent qu'à aimer et à être aimés ?

Devant les réactions de son entourage, Denis s'isole. Il vit seul à la campagne où sa femme qui s'efforce d'accepter la situation vient lui rendre visite à l'occasion. Il n'a ni auto ni travail. Sa retraite l'ennuie. Par contre, ses rêves sont grands et dignes : des rêves de nature, de beauté, de fleurs et de grand air.

Après la rencontre, quand Denis est reparti, il avait retrouvé le sourire. Surtout parce que ce jour-là, il s'était levé, qu'il avait pris son courage à deux mains et était venu rendre ce témoignage, en souhaitant que son expérience profite à d'autres.

Je termine ce chapitre en laissant un numéro de téléphone qui pourrait être utile à tous ceux et celles qui vivent des difficultés reliées à leur orientation sexuelle. Il est possible de s'adresser à cet organisme afin de connaître les ressources disponibles dans chaque région.

Centre communautaire
pour *gay* et lesbiennes
de Montréal (514) 528-8424

Gai Écoute **(514) 866-0103**
1-888-505-1010

CHAPITRE 7

Et la religion dans tout ça ?

Contrairement aux autres témoins que j'ai rencontrés, Gérard est arrivé chez moi, non pas pour raconter comment il s'est sorti de cette réalité du suicide, mais plutôt pour me dire qu'il n'a jamais été inquiété par cet ennemi redoutable.

Comme bien d'autres, Gérard a vécu des épreuves pas toujours faciles à surmonter. Père de six enfants, lui et sa femme ne vivent plus ensemble. Il aurait pu, comme c'est le cas pour plusieurs ex-conjoints, se laisser aller au découragement et se laisser envahir par des idées suicidaires. Mais non. Il a réussi à franchir ces étapes sans avoir de telles pensées.

C'était comme s'il venait me raconter sa recette magique. J'avais bien hâte de la connaître ! Mais lorsqu'il a prononcé : « Dieu et religion », je suis devenue davantage affolée que satisfaite. Je me demandais surtout comment j'allais aborder ce sujet dans les pages d'un livre qui s'adressait aux étudiants. C'est alors que je me suis replacée à l'époque de mes 14 ans, à l'âge de mes doutes sur la religion léguée par mes parents. Je me suis rappelée qu'à cet âge, j'ai bien failli perdre la foi. D'abord, par peur d'être identifiée si je mettais les pieds dans un lieu religieux, mais aussi parce que, pour certains de mes amis, c'était *out* de croire en Dieu.

Quand j'ai parlé à Gérard de cette peur qu'ont les jeunes de croire en Dieu, il a presque nié. Il dit en voir des tonnes de jeunes qui ne sont nullement effrayés et qui sont bien dans ce qu'ils vivent dans la religion. Pour lui, la génération d'aujourd'hui est loin d'être perdue.

Mais moi, je l'avoue, je doutais toujours au moment où j'ai rencontré Gérard. Lui, au contraire, il parlait de sa foi sans même s'en rendre compte. Dieu et Jésus font partie de sa vie, autant que ses enfants et ses amis. Alors, ça ne m'a pas étonnée de l'entendre dire que sa bouée de sauvetage dans les épreuves, c'est assurément sa foi et l'amour inconditionnel que lui apporte Dieu.

Parfois, nous ne cherchons pas
aux bons endroits
les réponses à nos problèmes.
Aucune solution ne nous est extérieure,
toute solution doit partir de nous,
mais parfois avec un peu d'aide... céleste !

Comme je l'ai mentionné, Gérard n'a pas été tenté par l'idée du suicide. Cependant, il connaît cette réalité de vie parce que son cousin s'est suicidé et un de ses amis aussi. Cette deuxième expérience l'a marqué profondément parce que cet ami, c'était comme un fils pour lui. Cet ami s'appelait Basile. Il avait 33 ans. « Beaucoup trop tôt ! », dit Gérard. Il estime que son ami avait une expérience de 100 ans, et qu'il brûlait la chandelle par les deux bouts. Il avait voyagé, déménagé souvent, avait eu des accidents de voiture en état d'ébriété, son ménage était brisé, il ne voyait plus ses enfants. Ceux-ci auraient pu l'aider à tenir le coup, mais il n'y avait pas droit.

Un soir, de passage dans la ville de Gérard, Basile alla prendre un verre avec son ami. Comme Basile était un homme renfermé, il ne parlait pas beaucoup de ses problèmes et il préférait les blagues aux discussions sérieuses. Ce soir-là, par contre, Gérard se douta du désarroi profond de son ami. Basile qui n'avait à peu près jamais mis les pieds dans une église demanda à Gérard s'il prierait pour lui s'il lui arrivait quelque chose. À quel point l'appel était-il sérieux, Gérard ne le savait pas trop.

Il se rendit à son travail de soirée comme à son habitude. En passant devant un garage où Basile réparait un véhicule, Gérard regarda l'endroit avec une vague impression de détresse, mais continua sa route. Ce n'est qu'en rentrant du travail, le lendemain matin, que Gérard apprit la mort de son ami. Il s'était suicidé dans le garage où il avait travaillé la soirée précédente.

Gérard dit avoir ressenti d'abord de la culpabilité, mais il n'en parla pas vraiment. Ce qu'il retenait surtout de l'événement, c'était la confiance de Basile juste avant de se donner la mort. Il croyait sûrement que la foi donnait à Gérard la capacité d'intercéder en sa faveur auprès de Dieu. Ce que Gérard croit tout sim- plement, c'est que sa foi lui donne une grande capacité d'ouverture et d'accueil, ce qui lui permet une grande écoute.

Je ne remets pas en question ce senti- ment, même si j'en ai longtemps douté. Cepen- dant, après ma rencontre avec Gérard, j'avais moins peur et je me suis permise de revoir mes croyances. En fait, cette religion que je croyais avoir quittée n'est jamais sortie de moi et, grâce à un livre que Gérard m'a offert, j'ai renoué avec ma religion. Cela m'a fait du bien, à Gérard aussi.

Ce témoignage nous permet de voir que la religion peut aider à traverser des moments difficiles. Elle peut apporter aux uns courage et espoir. Aux autres, cette religion qui n'a peut-être pas de nom ni de dieu, peut apporter une « spiritualité ».

De plus, en abordant ce thème, je veux vous présenter quelqu'un qui ressemble à un vieux sage aux cheveux blancs, aux yeux brillants qui, parfois, s'égarent. Pour vous le décrire, je dirais qu'il est d'abord un être mystérieux. Son rythme de vie est hors du commun. Vivre ses émotions, ses passions, ses ambitions sans se soucier de l'extérieur, voilà François, même si ce n'est pas son vrai prénom.

François a souvent été mis en contact avec le suicide. Enseignant au niveau secondaire, il ne compte plus les jeunes qui ont frappé à sa porte pour se confier. Il connaît ainsi le monde de la drogue, de la sexualité, de la prison, de la dépression profonde et de la vie en général. C'est cette vie qui a mis sur son chemin tant de malheureux dans le besoin.

Une oreille attentive, un accueil inconditionnel, une certitude de confidentialité et de respect, une ouverture, une absence de préjugés, voilà autant de qualités qui le caractérisent et qui font de lui un homme apaisant que l'on a toujours envie de revoir.

En plus de toutes ses autres activités, François est écrivain. C'est un grand titre pour un si petit homme. S'il est un jour devenu auteur, c'est justement à cause du suicide d'un de ses grands amis. Chaque nuit, comme poussé par un besoin surnaturel, il a écrit de quatre à dix pages. Il se sentait inspiré pour ainsi exorciser son incompréhension de l'événement et soulager sa peine.

Cet aspect de sa vie a développé sa spiritualité. Un jour, il a réuni ses brouillons et a travaillé d'arrache-pied à les mettre en ordre. Rendre ce travail à terme a été difficile. C'est seulement à ce moment que ses émotions sont ressorties. Pendant ses nuits d'écriture, sa communication avec son ami décédé était très réelle. Par l'écriture, l'émotion et l'intuition, François ressentait sa présence. Ça l'a amené à faire certaines clairvoyances et à pressentir des événements qui allaient arriver.

Son deuil a été très long, car il ne se confiait pas, il se terrait à la fois dans son silence et dans son bonheur de poursuivre une certaine relation privilégiée avec son ami disparu. Son silence, son isolement ont totalement désorganisé sa vie. À ceux qui pensent pouvoir rester seuls et ne pas prendre contact avec quelqu'un qui pourrait écouter, conseiller, comprendre, François ferait bien des mises en garde. Son mutisme et son isolement l'ont amené à se questionner sur sa propre qualité de vie et même, sur la nécessité de vivre. Sa propre expérience a été mise en péril. À mesure qu'il écrivait, il se sentait coupable, et à mesure qu'il écrivait, il se rendait de plus en plus compte qu'il n'avait pas compris les messages laissés par son ami. Se sentant toujours coupable — trop —, François se répétait : Il était mon ami et il n'a pas choisi la vie.

Et c'est ainsi que chaque nuit, sans parole et sans ami, il se libérait. Mais combien douloureuse a été son écriture !

Il a fallu beaucoup de temps pour que François consulte un thérapeute. Ça n'a pas remplacé un bon ami, mais il n'y avait plus d'issue. Évidement, les médicaments n'étaient pas une solution... Cette dernière phrase, je la laisse en suspens afin de vous laisser y réfléchir. Non, les médicaments ne sont pas une solution.

Aujourd'hui encore, chaque fois qu'il est question de suicide, ses souvenirs reviennent. Il pense au bon nombre de confidents qui lui ont fait leurs adieux au téléphone ou par lettre avant de se suicider ; à ceux venus se rétablir chez lui pendant des semaines en sortant de l'hôpital ; à certains qui se sont suicidés juste après lui avoir parlé chez lui et à quelques-uns qui ont fait des tentatives de suicide dans sa maison. Ainsi cet homme venu chez lui ce soir-là pour mettre fin à ses jours. En entrant, il avait dit : « Es-tu mon ami ? Si tu es mon ami, tu vas rester avec moi, je ne veux pas mourir seul. » De grandes questions se sont bousculées dans la tête de François : « Jusqu'où va la liberté ? Et mon respect de la vie ?... »

En effet, d'abord, a-t-on le droit de se suicider ? Ensuite, d'aider l'autre à le faire ? Même seulement à l'accompagner dans la mort sans intervenir ? Sinon, comment le faire ? Voilà d'autres questions que je vous soumets.

Finalement, François a fait ce qu'il croyait devoir faire et ce qu'il a pu pour empêcher cet homme de s'enlever la vie. Aujourd'hui, cet ami est toujours en vie et se dit fier et heureux d'avoir pu compter sur quelqu'un qui ne l'a pas laissé tomber. Depuis 20 ans, il n'a jamais passé un seul jour de Noël ni un seul jour de l'An, sans appeler François pour lui présenter ses vœux.

CHAPITRE 8

Vaincre l'ennemi

Dans les textes précédents, nous avons pu déceler des signes, des appels lancés par des candidats au suicide. Évidemment, dans certains cas, les signes ne sont pas évidents, mais la majorité de suicidaires expriment leurs intentions avant de passer à l'acte.

Certains signes sont très directs. Par exemple, lorsque la personne dit des phrases telles que :

J'veux en finir !
La vie ne vaut pas la peine !
J'm'en sortirai jamais !

D'autres signes sont indirects. Ils sont exprimés par des phrases qu'on ne doit pas prendre à la légère :

Vous serez bien mieux sans moi !
Je suis inutile, je ne sers à rien !
J'ai fait mon testament !
J'vais faire un long voyage !

Je déménage loin, vous ne me reverrez plus !

Comme nous l'avons vu dans divers témoignages, ces signes ne sont pas toujours très clairs. Il ne faut donc pas se sentir coupable de ne pas avoir compris le message.

Selon les informations recueillies, il y a également un comportement que nous pouvons remarquer chez un candidat au suicide.

—Isolement, retrait ;
—Intérêt pour les armes ou les médicaments ;
—Propos fréquents sur un long voyage à faire ;
—Dons excessifs d'objets auxquels tient le suicidaire ;
—Consommation abusive de certaines substances ;
—Apologie de la valeur et du courage des suicidaires ;
—Incohérence dans le langage ;
—Absence de réaction lors de la perte d'un proche ;
—Hyperactivité ;
—Manque d'énergie, extrême lenteur.

Il n'est pas facile d'essayer d'analyser le comportement d'une personne suicidaire. Tout dépend de sa personnalité. Elle peut très bien se cacher derrière un masque : le bouffon du groupe, le dur de la classe... Peut-être n'est-ce qu'une façade ? Les signes lancés peuvent être très trompeurs. Il ne faut pas les dramatiser et y voir chaque fois un cri d'alarme. Alors, s'il arrivait de ne pas comprendre un message ou encore d'en avoir vu un où il n'y en avait pas, il ne faut pas se sentir coupable. Les signes sont des indices et non des certitudes.

Si une personne suicidaire vient se confier à nous ou si nous sommes appelés à intervenir dans ce contexte, et que nous ne savons pas comment agir, la meilleure solution est de se faire aider soi-même. Il ne faut surtout pas surestimer nos capacités parce qu'une telle expérience peut nous marquer pour la vie. Il faut cependant nous dire que si nous avons été choisis par une personne suicidaire, c'est que nous avons de la valeur à ses yeux, que notre seule présence peut l'aider à s'en sortir et que nous pouvons peut-être lui sauver la vie.

S'en sortir ne concerne pas seulement ceux qui ont des pensées suicidaires, cela concerne aussi ceux qui restent... après... pour faire le deuil. Les survivants ressentent souvent des malaises et changent parfois de comportement. Ils ne s'en doutent peut-être pas, mais les symptômes suivants sont sans doute reliés au deuil :

- —Serrement de gorge
- —Soupirs
- —Respiration difficile
- —Perte d'appétit
- —Manque d'énergie
- —Difficulté à place
- —Perte de mémoire
- —Isolement
- —Tensions musculaires
- —Humeur changeante
- —Idées suicidaires
- —Cauchemars
- —Troubles du sommeil
- —Dépression.

Ces signes sont à prendre au sérieux. On doit en tenir compte et chercher de l'aide au besoin afin d'arriver à les faire disparaître. Surtout pour agir sur la cause, soit le suicide d'un proche. Il faut le reconnaître, le dire et non seulement se le faire dire. C'est la cause de ces malaises qui compte, c'est le deuil qu'il faut faire. C'est accepter la décision de l'autre et surtout ne pas se sentir coupable ! C'est une question de qualité de vie, et aussi de guérison. Il est tout à fait normal d'être perturbé après une épreuve comme le suicide. Ce qui est anormal et dangereux, c'est faire comme si tout cela n'existait pas, c'est tenter d'oublier et de croire que l'on va s'en sortir tout seul, alors que, parfois, c'est impossible. Il n'y a aucune honte à prendre plus de temps qu'une autre personne à guérir.

Tout au long de cette recherche, les personnes que j'ai rencontrées m'ont communiqué des trucs qu'elles ont mis au point pour éloigner leurs idées suicidaires, pour retrouver le goût à la vie ou tout simplement pour l'aimer. Rien n'est banal, mais une solution qui semble bonne pour une personne ne l'est pas nécessairement pour une autre. À chacun de compléter la liste d'activités ci-dessous avec ses propres idées.

1. Consulter un spécialiste, un thérapeute en cas de difficultés
2. Sortir avec des amis
3. Participer à des activités culturelles
4. Faire du sport
5. Se rattacher à la religion
6. Faire de la méditation
7. Chercher sa voie spirituelle
8. Aller au cinéma
9. Louer un film comique
10. S'acheter une petite folie
11. S'offrir la présence d'un animal
12. Écrire un journal, une lettre, un livre
13. Faire du bénévolat
14. Faire du camping
15. Allumer un feu de camp
16. Jouer de la musique, chanter, danser

17. Organiser des soirées de discussion
18. Aller à des fêtes
19. Parler du suicide lors de réunions organisées
20. Ouvrir des centres de jeunes
21. Faire des activités sans drogue ni alcool
22. Faire des activités de financement et offrir l'argent à des jeunes démunis
23. Faire un vidéo sur le suicide. Etc.

À la fin de ce chapitre, je trouve fondamental de laisser, à titre d'exemple, un modèle de pacte antisuicide. Non seulement pourrait-il être utile à quelqu'un qui intervient auprès d'une personne suicidaire, mais il peut s'avérer un bon moyen de s'en sortir et de vaincre l'ennemi.

Si jamais, il nous arrive de vivre des moments de déprime qui risquent de compromettre notre vie, c'est dans notre entourage qu'il faudra chercher quelqu'un que nous aimons et en qui nous avons confiance pour signer avec nous ce pacte antisuicide.

De plus, dans l'anonymat, nous pouvons communiquer avec un des nombreux Centres de prévention du suicide dont nous donnons la liste, page 84.

PACTE ANTISUICIDE

Moi, ... ,
je promets que, dans mes moments de déprime,
de découragement ou d'idées suicidaires, je ne
garderai pas pour moi seul(e) mes tourments.

Quoi qu'il advienne, je me souviendrai que
toi, ... ,
tu as fait la promesse de toujours être là pour
moi, de m'écouter et de m'accepter comme je
suis.

Et, au cas où tu serais incapable de me
venir en aide, je te prie de me diriger ou de
m'accompagner vers d'autres personnes qui
puissent intervenir auprès de moi.

Signatures :

. . . .

. . . .

Date :   . . . .

CENTRES DE PRÉVENTION DU SUICIDE

ABITIBI—TÉMISCAMINGUE .. 1-800-567-6407
BAS-SAINT-LAURENT 1-418-724-2463
1-800-463-0009
CHAUDIÈRE-APPALACHES ... 1-418-228-0001
COEUR-DU-QUÉBEC + MAURICIE—
BOIS-FRANCS   1-819-379-9238 +1-819-477-8855
CÔTE-NORD . 1-418-589-1629 + 1-800-663-2556
NORD DU QUÉBEC 1-800-567-6407
CANTONS DE L'EST 1-819-564-1664
1-800-667-3841
GASPÉSIE—ÎLES-DE-LA-MADELEINE
1-418-310-2572 (sans frais pour toute la région)
LANAUDIÈRE 1-450-833-6040
LAURENTIDES 1-450-569-0101
1-800-661-0101
MONTÉRÉGIE   1-450-375-4252+1-450-357-9189
MONTRÉAL 1-514-723-4000
OUTAOUAIS . 1-819-595-9999 + 1-800-567-9699
QUÉBEC 1-418-683-4588
ROUYN-NORANDA 1-819-764-5099
SAGUENAY—LAC-SAINT-JEAN
1-418-545-1919 + 1-800-463-9868

Association québécoise de suicidologie
2349, rue Bélanger Est, Montréal, Québec
H2G 1C9 ..... 1-514- 593-6199 + 1-514-528-5858

Centre communautaire pour gay et lesbiennes
de Montréal .... (514) 528-8424
Gai Écoute .... (514) 866-0103
1-888-505-1010

Conclusion

Ça y est, mon grand projet tire à sa fin. Depuis quelque temps, je réduis mes activités. J'écris de moins en moins, mais parallèlement, je pense de plus en plus. En effet, même si le nombre de pages que j'ai écrites n'est pas aussi impressionnant que celui de certains romans, j'ai mis dans ce livre tellement de temps, tellement de travail, et surtout tellement d'espoir que maintenant, je crois le moment venu d'y mettre un terme. Pourtant, je me demande comment y parvenir sans me briser le cœur.

Je me suis tellement engagée dans l'écriture de ce livre que j'ai atrocement peur de m'ennuyer après. En l'écrivant, j'ai appris davantage qu'en dix ans d'études. J'ai appris la compréhension, la tolérance, l'acceptation des autres, l'écoute et aussi l'optimisme. J'ai découvert une belle vision de la vie.

Parmi les moyens que j'ai pris de m'en sortir, j'ai consulté un thérapeute, ce gros méchant loup qui m'effrayait tant à l'adolescence. C'est le genre de spécialiste qui m'a offert le plus beau cadeau de ma vie, l'espoir de vivre bien.

Même à la fin, je me pose encore des questions, entre autres : « Qui a le plus besoin de ce livre ? » Je ne peux pas vraiment y répondre, mais au moins, je sais que j'en avais besoin, MOI, et... je suis fière de moi !

Table des chapitres

Renée Amiot
La Face cachée de la Terre

HORS COLLECTION

Steve Fortier
L'Hexaèdre
L'Île de Malt

COLLECTION **JEUNE PLUME**

Hélène Desgranges
Choisir la vie

Collectifs :
Pour tout l'Art du jeune monde
Parlez-nous d'amour

COLLECTION **RÊVES À CONTER**

Rollande Saint-Onge
Petites Histoires peut-être vraies
(Tome I)
Petites Histoires peut-être vraies
(Tome II)
Petits Contes espiègles

André Cailloux
Les Contes de ma grenouille
Diane Pelletier
Murmures dans les bois

Achevé d'imprimer en mars 1999 chez

à Longueuil, Québec